CB018818

De

Para

Promessas Bíblicas para Mulheres
This book was first published in the United States by BroadStreet Publishing, 2745 Chicory Road, Racine, WI 53403, with Bible Promises for Womencopyright © 2014, by BroadStreet Publishing. Translated by permission.

1ª Edição – Agosto de 2019

PRINTED IN BRAZIL

Editor responsável
Marcos Simas

Supervisão editorial
Maria Fernanda Vigon

Tradução
Pedro Simas

Revisão
Carlos Buczynski
Nataniel Gomes
Patricia Abbud Busssamra

Diagramação
Pedro Simas

Adaptação de capa
Wellington Carvalho

Para qualquer comentário ou dúvida sobre este produto, escreva para
produtos@geografica.com.br

P965   Promessas bíblicas para mulheres / Michele Winger.
         Traduzido por Pedro Simas. - Santo André: Geográfica, 2018.

         160p. ; 15,5x20,5cm.
         ISBN 978-85-8064-218-6

         1. Bíblia sagrada. 2. Mulher. I. Winger, Michele. II. Simas, Pedro.

         CDU 22-055.2

Catalogação na publicação: Leandro Augusto dos Santos Lima – CRB-10/1273

PROMESSAS BÍBLICAS
para *Mulheres*

1ª edição

Geográfica *editora*

Santo André, SP
2018

Sumário

Alfa

Deus é o primeiro lugar a se buscar o que precisamos.

"Eu sou o Alfa e o Ômega", diz o Senhor Deus, "o que é, o que era e o que há de vir, o Todo-poderoso".

APOCALIPSE 1.8

Jesus Cristo é o mesmo, ontem, hoje e para sempre.

HEBREUS 13.8

O meu Deus suprirá todas as necessidades de vocês, de acordo com as suas gloriosas riquezas em Cristo Jesus.

FILIPENSES 4.19

Por essa razão, ajoelho-me diante do Pai, do qual recebe o
nome toda a família nos céus e na terra. Oro para que, com
as suas gloriosas riquezas, ele os fortaleça no íntimo do seu
ser com poder, por meio do seu Espírito, para que Cristo
habite em seus corações mediante a fé.

Efésios 3.14–17

Aquele que supre a semente ao que semeia e o pão ao que
come, também lhes suprirá e aumentará a semente e fará
crescer os frutos da sua justiça.

2Coríntios 9.10

Abandono

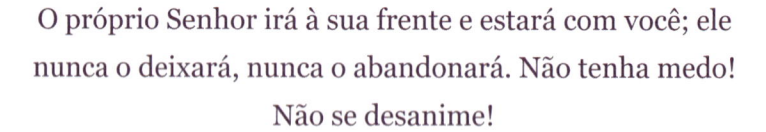

O próprio Senhor irá à sua frente e estará com você; ele
nunca o deixará, nunca o abandonará. Não tenha medo!
Não se desanime!

Deuteronômio 31.8

Deus dá um lar aos solitários, liberta os presos para a
prosperidade, mas os rebeldes vivem em terra árida.

Salmos 68.6

Os que conhecem o teu nome confiam em ti, pois tu,
Senhor, jamais abandonas os que te buscam.

Salmos 9.10

O Senhor me tratou conforme a minha justiça; conforme
a pureza das minhas mãos recompensou-me.
O Senhor me recompensou conforme a minha justiça,
conforme a pureza das minhas mãos diante dos seus olhos.

Salmos 18.20, 24

Conduzirei os cegos por caminhos que eles não
conheceram, por veredas desconhecidas eu os guiarei;
transformarei as trevas em luz diante deles e tornarei retos
os lugares acidentados. Essas são as coisas que farei;
não os abandonarei.

Isaías 42.16

Por causa de seu grande nome o Senhor não os rejeitará,
pois o Senhor teve prazer em torná-los o seu próprio povo.

1Samuel 12.22

Não os deixarei órfãos; voltarei para vocês.

João 14.18

Abuso

O Senhor está perto dos que têm o coração quebrantado e salva os de espírito abatido.

SALMOS 34.18

Tu, Senhor, ouves a súplica dos necessitados; tu os reanimas e atendes ao seu clamor.
Defendes o órfão e o oprimido, a fim de que o homem, que é pó, já não cause terror.

SALMOS 10.17–18

Os justos clamam, o Senhor os ouve e os livra de todas as suas tribulações.

SALMOS 34.17

Mas tu enxergas o sofrimento e a dor; observa-os para
tomá-los em tuas mãos. A vítima deles entrega-se a ti;
tu és o protetor do órfão.

Salmos 10.14

Por isso não desanimamos. Embora exteriormente
estejamos a desgastar-nos, interiormente estamos sendo
renovados dia após dia.

2Coríntios 4.16

Mas tu, Senhor, és o escudo que me protege; és a minha
glória e me fazes andar de cabeça erguida.

Salmos 3.3

Aceitação

Mas agora assim diz o Senhor, aquele que o criou, ó
Jacó, aquele que o formou, ó Israel: "Não tema, pois eu o
resgatei; eu o chamei pelo nome; você é meu.
Quando você atravessar as águas, eu estarei com você;
e, quando você atravessar os rios, eles não o encobrirão.
Quando você andar através do fogo, você não se queimará;
as chamas não o deixarão em brasas.
Pois eu sou o Senhor, o seu Deus, o Santo de Israel, o seu
Salvador; dou o Egito como resgate por você, a Etiópia e
Sebá em troca de você.
Visto que você é precioso e honrado à minha vista, e
porque eu o amo, darei homens em seu lugar, e nações em
troca de sua vida.

Isaías 43.1–4

Que diremos, pois, diante dessas coisas? Se Deus é por nós,
quem será contra nós?

Romanos 8.31

Todo o que o Pai me der virá a mim, e quem vier a mim eu jamais rejeitarei.

João 6.37

Eis que estou à porta e bato. Se alguém ouvir a minha voz e abrir a porta, entrarei e cearei com ele, e ele comigo.

Apocalipse 3.20

Porque Deus nos escolheu nele antes da criação do mundo, para sermos santos e irrepreensíveis em sua presença.

Efésios 1.4

Alegria

Nisso vocês exultam, ainda que agora, por um pouco de tempo, devam ser entristecidos por todo tipo de provação. Mesmo não o tendo visto, vocês o amam; e apesar de não o verem agora, creem nele e exultam com alegria indizível e gloriosa.

1Pedro 1.6, 8

Vocês sairão em júbilo e serão conduzidos em paz; os montes e colinas irromperão em canto diante de vocês, e todas as árvores do campo baterão palmas.

Isaías 55.12

Tenho lhes dito estas palavras para que a minha alegria esteja em vocês e a alegria de vocês seja completa.

João 15.11

Alegrem-se, porém, todos os que se refugiam em ti; cantem sempre de alegria! Estende sobre eles a tua proteção. Em ti exultem os que amam o teu nome.

Salmos 5.11

Até agora vocês não pediram nada em meu nome. Peçam e receberão, para que a alegria de vocês seja completa.

João 16.24

Então a nossa boca encheu-se de riso, e a nossa língua de cantos de alegria. Até nas outras nações se dizia: "O Senhor fez coisas grandiosas por este povo".

Salmos 126.2

Que o Deus da esperança os encha de toda alegria e paz, por sua confiança nele, para que vocês transbordem de esperança, pelo poder do Espírito Santo.

Romanos 15.13

Amizade

Ninguém tem maior amor do que aquele que dá a sua vida
pelos seus amigos. Vocês serão meus amigos, se fizerem
o que eu lhes ordeno. Já não os chamo servos, porque o
servo não sabe o que o seu senhor faz. Em vez disso, eu os
tenho chamado amigos, porque tudo o que ouvi de meu Pai
eu lhes tornei conhecido.

João 15.13–15

Quem tem muitos amigos pode chegar à ruína, mas existe
amigo mais apegado que um irmão.

Provérbios 18.24

O amigo ama em todos os momentos; é um irmão
na adversidade.

Provérbios 17.17

Aquele que cobre uma ofensa promove amor, mas quem a lança em rosto separa bons amigos.

PROVÉRBIOS 17.9

Como brinco de ouro e enfeite de ouro fino é a repreensão dada com sabedoria a quem se dispõe a ouvir. Como o frescor da neve na época da colheita é o mensageiro de confiança para aqueles que o enviam; ele revigora o ânimo de seus senhores.

PROVÉRBIOS 25.12−13

Assim, em tudo, façam aos outros o que vocês querem que eles lhes façam; pois esta é a Lei e os Profetas.

MATEUS 7.12

Amor

Satisfaze-nos pela manhã com o teu amor leal, e todos os
nossos dias cantaremos felizes.

SALMOS 90.14

Assim, permanecem agora estes três: a fé, a esperança e o
amor. O maior deles, porém, é o amor.

1CORÍNTIOS 13.13

Tu és bondoso e perdoador, Senhor, rico em graça para
com todos os que te invocam.

SALMOS 86.5

"Porque Deus tanto amou o mundo que deu o seu Filho
Unigênito, para que todo o que nele crer não pereça, mas
tenha a vida eterna.

JOÃO 3.16

Saibam, portanto, que o Senhor, o seu Deus, é Deus;
ele é o Deus fiel, que mantém a aliança e a bondade por
mil gerações daqueles que o amam e guardam os seus
mandamentos.

Deuteronômio 7.9

O amor deve ser sincero. Odeiem o que é mau; apeguem-se
ao que é bom.
Dediquem-se uns aos outros com amor fraternal. Prefiram
dar honra aos outros mais do que a si próprios.

Romanos 12.9–10

Que o amor e a fidelidade jamais o abandonem; prenda-os
ao redor do seu pescoço, escreva-os na tábua
do seu coração.

Provérbios 3.3

Ansiedade

Lancem sobre ele toda a sua ansiedade, porque ele tem cuidado de vocês.

1Pedro 5.7

Não andem ansiosos por coisa alguma, mas em tudo, pela oração e súplicas, e com ação de graças, apresentem seus pedidos a Deus.

Filipenses 4.6

"Eu lhes disse essas coisas para que em mim vocês tenham paz. Neste mundo vocês terão aflições; contudo, tenham ânimo! Eu venci o mundo".

João 16.33

Eu clamo pelo Senhor na minha angústia, e ele me responde.

Salmos 120.1

"Não se perturbe o coração de vocês. Creiam em Deus;
creiam também em mim.

JOÃO 14.1

Digam aos desanimados de coração: "Sejam fortes, não
temam! Seu Deus virá, virá com vingança; com divina
retribuição virá para salvá-los".

ISAÍAS 35.4

Se você fizer do Altíssimo o seu refúgio, nenhum mal o
atingirá, desgraça alguma chegará à sua tenda. Porque
a seus anjos ele dará ordens a seu respeito, para que o
protejam em todos os seus caminhos

SALMOS 91.9–11

Beleza

A beleza de vocês não deve estar nos enfeites exteriores,
como cabelos trançados e joias de ouro ou roupas finas.
Pelo contrário, esteja no ser interior, que não perece,
beleza demonstrada num espírito dócil e tranquilo, o que é
de grande valor para Deus.

1Pedro 3.3–4

Eu te louvo porque me fizeste de modo especial e
admirável. Tuas obras são maravilhosas! Disso tenho
plena certeza.

Salmos 139.14

Quem de vocês, por mais que se preocupe, pode acrescentar uma hora que seja à sua vida? Por que vocês se preocupam com roupas? Vejam como crescem os lírios do campo. Eles não trabalham nem tecem. Contudo, eu lhes digo que nem Salomão, em todo o seu esplendor, vestiu-se como um deles.

MATEUS 6.27–29

O Senhor, contudo, disse a Samuel: "Não considere a sua aparência nem sua altura, pois eu o rejeitei. O Senhor não vê como o homem: o homem vê a aparência, mas o Senhor vê o coração".

1SAMUEL 16.7

Bênçãos

Bendito seja o Deus e Pai de nosso Senhor Jesus Cristo, que nos abençoou com todas as bênçãos espirituais nas regiões celestiais em Cristo. Porque Deus nos escolheu nele antes da criação do mundo, para sermos santos e irrepreensíveis em sua presença.

Efésios 1.3–4

Preparas um banquete para mim à vista dos meus inimigos. Tu me honras, ungindo a minha cabeça com óleo e fazendo transbordar o meu cálice.

Salmos 23.5

Provem, e vejam como o Senhor é bom. Como é feliz o homem que nele se refugia!

Salmos 34.8

"O Senhor te abençoe e te guarde; o Senhor faça
resplandecer o seu rosto sobre ti e te conceda graça;
o Senhor volte para ti o seu rosto e te dê paz.

Números 6.24–26

Como são felizes os que em ti encontram sua força, e os
que são peregrinos de coração! Ao passarem pelo vale de
Baca, fazem dele um lugar de fontes; as chuvas de outono
também o enchem de cisternas.

Salmos 84.5–6

Todos recebemos da sua plenitude, graça sobre graça.

João 1.16

Bondade

Provem, e vejam como o Senhor é bom. Como é feliz o homem que nele se refugia!

Salmos 34.8

Pois tudo o que Deus criou é bom, e nada deve ser rejeitado, se for recebido com ação de graças.

1Timóteo 4.4

O Senhor é bom para todos; a sua compaixão alcança todas as suas criaturas.

Salmos 145.9

Como é grande a tua bondade, que reservaste para aqueles que te temem, e que, à vista dos homens, concedes àqueles que se refugiam em ti!

Salmos 31.19

Sirvam aos seus senhores de boa vontade, como ao Senhor, e não aos homens, porque vocês sabem que o Senhor recompensará a cada um pelo bem que praticar, seja escravo, seja livre.

Efésios 6.7–8

Afastem-se de toda forma de mal. Que o próprio Deus da paz os santifique inteiramente. Que todo o espírito, alma e corpo de vocês seja conservado irrepreensível na vinda de nosso Senhor Jesus Cristo.

1Tessalonicenses 5.22–23

O homem bom, do seu bom tesouro, tira coisas boas, e o homem mau, do seu mau tesouro, tira coisas más.

Mateus 12.35

Aleluia! Deem graças ao Senhor porque ele é bom; o seu amor dura para sempre.

Salmos 106.1

Compaixão

Quem é comparável a ti, ó Deus, que perdoas o pecado e
esqueces a transgressão do remanescente da sua herança?
Tu que não permaneces irado para sempre, mas tens
prazer em mostrar amor.
De novo terás compaixão de nós; pisarás as nossas
maldades e atirarás todos os nossos pecados nas
profundezas do mar.
Mostrarás fidelidade a Jacó, e bondade a Abraão, conforme
prometeste sob juramento aos nossos antepassados, na
antiguidade.

MIQUEIAS 7.18–20

Tem misericórdia de mim, ó Deus, por teu amor; por tua
grande compaixão apaga as minhas transgressões.

SALMOS 51.1

Mas tu, Senhor, és Deus compassivo e misericordioso,
muito paciente, rico em amor e em fidelidade.

Salmos 86.15

Contudo, o Senhor espera o momento de ser bondoso com
vocês; ele ainda se levantará para mostrar-lhes compaixão.
Pois o Senhor é Deus de justiça. Como são felizes todos os
que nele esperam!

Isaías 30.18

Bendito seja o Deus e Pai de nosso Senhor Jesus Cristo, Pai
das misericórdias e Deus de toda consolação

2Coríntios 1.3

Confiança

O Senhor é a minha força e o meu escudo; nele o meu
coração confia, e dele recebo ajuda. Meu coração exulta de
alegria, e com o meu cântico lhe darei graças.

<small>SALMOS 28.7</small>

Que o próprio Deus da paz os santifique inteiramente.
Que todo o espírito, alma e corpo de vocês seja conservado
irrepreensível na vinda de nosso Senhor Jesus Cristo.
Aquele que os chama é fiel, e fará isso.

<small>1TESSALONICENSES 5.23–24</small>

A lei do Senhor é perfeita, e revigora a alma. Os
testemunhos do Senhor são dignos de confiança, e tornam
sábios os inexperientes.

<small>SALMOS 19.7</small>

Os que conhecem o teu nome confiam em ti, pois tu,
Senhor, jamais abandonas os que te buscam.

Salmos 9.10

Este é o Deus cujo caminho é perfeito; a palavra do Senhor
é comprovadamente genuína. Ele é um escudo para todos
os que nele se refugiam.
Pois quem é Deus além do Senhor? E quem é rocha senão o
nosso Deus?

Salmos 18.30–31

Que o Deus da esperança os encha de toda alegria e paz,
por sua confiança nele, para que vocês transbordem de
esperança, pelo poder do Espírito Santo.

Romanos 15.13

Coragem

"Não fui eu que lhe ordenei? Seja forte e corajoso! Não
se apavore, nem se desanime, pois o Senhor, o seu Deus,
estará com você por onde você andar".

Josué 1.9

Amem o Senhor, todos vocês, os seus santos! O Senhor
preserva os fiéis, mas aos arrogantes dá o que merecem.
Sejam fortes e corajosos, todos vocês que esperam
no Senhor!

Salmos 31.23–24

Finalmente, fortaleçam-se no Senhor e no seu forte poder.
Vistam toda a armadura de Deus, para poderem ficar
firmes contra as ciladas do diabo

Efésios 6.10–11

Mesmo quando eu andar por um vale de trevas e morte,
não temerei perigo algum, pois tu estás comigo; a tua vara
e o teu cajado me protegem.

Salmos 23.4

Mas eu, quando estiver com medo, confiarei em ti. Em
Deus, cuja palavra eu louvo, em Deus eu confio, e não
temerei. Que poderá fazer-me o simples mortal?

Salmos 56.3–4

Estejam vigilantes, mantenham-se firmes na fé, sejam
homens de coragem, sejam fortes. Façam tudo com amor.

1Coríntios 16.13–14

Cortesia

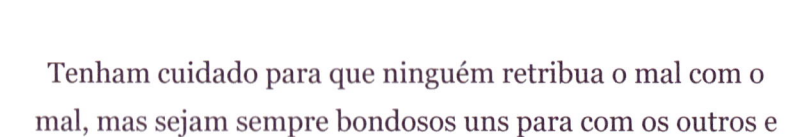

Tenham cuidado para que ninguém retribua o mal com o mal, mas sejam sempre bondosos uns para com os outros e para com todos.

1Tessalonicenses 5.15

Nós, que somos fortes, devemos suportar as fraquezas dos fracos, e não agradar a nós mesmos. Cada um de nós deve agradar ao seu próximo para o bem dele, a fim de edificá-lo. Pois também Cristo não agradou a si próprio, mas, como está escrito: "Os insultos daqueles que te insultam caíram sobre mim".

Romanos 15.1−3

Um irmão ofendido é mais inacessível do que uma cidade fortificada, e as discussões são como as portas trancadas de uma cidadela. Do fruto da boca enche-se o estômago do homem; o produto dos lábios o satisfaz. A língua tem poder sobre a vida e sobre a morte; os que gostam de usá-la comerão do seu fruto.

Provérbios 18.19−21

O seu falar seja sempre agradável e temperado com sal,
para que saibam como responder a cada um.

Colossenses 4.6

Não se esqueçam da hospitalidade; foi praticando-a que,
sem o saber, alguns acolheram anjos.

Hebreus 13.2

Lembre a todos que se sujeitem aos governantes e às
autoridades, sejam obedientes, estejam sempre prontos
a fazer tudo o que é bom, não caluniem a ninguém,
sejam pacíficos e amáveis e mostrem sempre verdadeira
mansidão para com todos os homens.

Tito 3.1–2

Cuidado

Levem os fardos pesados uns dos outros e, assim,
cumpram a lei de Cristo.

GÁLATAS 6.2

Se alguém tiver recursos materiais e, vendo seu irmão
em necessidade, não se compadecer dele, como pode
permanecer nele o amor de Deus? Filhinhos, não amemos
de palavra nem de boca, mas em ação e em verdade.

1JOÃO 3.17–18

Cada um cuide, não somente dos seus interesses, mas
também dos interesses dos outros.

FILIPENSES 2.4

Pois eu tive fome, e vocês me deram de comer;
tive sede, e vocês me deram de beber; fui estrangeiro,
e vocês me acolheram; necessitei de roupas, e vocês me
vestiram; estive enfermo, e vocês cuidaram de mim;
estive preso, e vocês me visitaram.
"O Rei responderá: 'Digo-lhes a verdade: o que
vocês fizeram a algum dos meus menores irmãos,
a mim o fizeram'".

MATEUS 25.35–36, 40

A religião que Deus, o nosso Pai, aceita como pura e
imaculada é esta: cuidar dos órfãos e das viúvas em suas
dificuldades e não se deixar corromper pelo mundo.

TIAGO 1.27

Depressão

Finalmente, irmãos, tudo o que for verdadeiro, tudo o que
for nobre, tudo o que for correto, tudo o que for puro, tudo
o que for amável, tudo o que for de boa fama, se houver
algo de excelente ou digno de louvor, pensem nessas coisas.

FILIPENSES 4.8

Os justos clamam, o Senhor os ouve e os livra de todas as
suas tribulações.

SALMOS 34.17

Pois ele nos resgatou do domínio das trevas e nos
transportou para o Reino do seu Filho amado.

COLOSSENSES 1.13

Por que você está assim tão triste, ó minha alma? Por que está assim tão perturbada dentro de mim? Ponha a sua esperança em Deus! Pois ainda o louvarei; ele é o meu Salvador e o meu Deus.

Salmos 42.11

Mas tu, Senhor, és o escudo que me protege; és a minha glória e me fazes andar de cabeça erguida.

Salmos 3.3

Vocês, porém, são geração eleita, sacerdócio real, nação santa, povo exclusivo de Deus, para anunciar as grandezas daquele que os chamou das trevas para a sua maravilhosa luz.

1Pedro 2.9

Encorajamento

Nenhuma palavra torpe saia da boca de vocês, mas apenas a que for útil para edificar os outros, conforme a necessidade, para que conceda graça aos que a ouvem.

EFÉSIOS 4.29

Por isso não desanimamos. Embora exteriormente estejamos a desgastar-nos, interiormente estamos sendo renovados dia após dia, pois os nossos sofrimentos leves e momentâneos estão produzindo para nós uma glória eterna que pesa mais do que todos eles.

2CORÍNTIOS 4.16–17

Os necessitados o verão e se alegrarão; a vocês que buscam a Deus, vida ao seu coração!

SALMOS 69.32

Por essa razão, desde o dia em que o ouvimos, não deixamos de orar por vocês e de pedir que sejam cheios do pleno conhecimento da vontade de Deus, com toda a sabedoria e entendimento espiritual. E isso para que vocês vivam de maneira digna do Senhor e em tudo possam agradá-lo, frutificando em toda boa obra, crescendo no conhecimento de Deus.

COLOSSENSES 1.9–10

E consideremo-nos uns aos outros para incentivar-nos ao amor e às boas obras. Não deixemos de reunir-nos como igreja, segundo o costume de alguns, mas encorajemo-nos uns aos outros, ainda mais quando vocês veem que se aproxima o Dia.

HEBREUS 10.24–25

Entusiasmo

Tudo o que fizerem, façam de todo o coração, como para o
Senhor, e não para os homens, sabendo que receberão do
Senhor a recompensa da herança. É a Cristo, o Senhor, que
vocês estão servindo.

COLOSSENSES 3.23–24

Quando as tuas palavras foram encontradas eu as comi;
elas são a minha alegria e o meu júbilo, pois pertenço a ti,
Senhor Deus dos Exércitos.

JEREMIAS 15.16

Sejam sábios no procedimento para com os de fora;
aproveitem ao máximo todas as oportunidades. O seu
falar seja sempre agradável e temperado com sal, para que
saibam como responder a cada um.

COLOSSENSES 4.5–6

Tu, Senhor, manténs acesa a minha lâmpada; o meu Deus
transforma em luz as minhas trevas.
Com o teu auxílio posso atacar uma tropa; com o meu Deus
posso transpor muralhas.

Salmos 18.28–29

A luz é agradável, é bom ver o sol. Por mais que um homem
viva, deve desfrutar sua vida toda. Lembre-se, porém, dos
dias de trevas, pois serão muitos. Tudo o que está para vir
não faz sentido.

Eclesiastes 11.7–8

Esperança

Não só isso, mas também nos gloriamos nas tribulações,
porque sabemos que a tribulação produz perseverança; a
perseverança, um caráter aprovado; e o caráter aprovado,
esperança. E a esperança não nos decepciona, porque
Deus derramou seu amor em nossos corações, por meio do
Espírito Santo que ele nos concedeu.

ROMANOS 5.3–5

Bendito seja o Deus e Pai de nosso Senhor Jesus Cristo!
Conforme a sua grande misericórdia, ele nos regenerou
para uma esperança viva, por meio da ressurreição de
Jesus Cristo dentre os mortos

1PEDRO 1.3

Que o Deus da esperança os encha de toda alegria e paz,
por sua confiança nele, para que vocês transbordem de
esperança, pelo poder do Espírito Santo.

ROMANOS 15.13

O Senhor é quem dá pobreza e riqueza; ele humilha e
exalta. Levanta do pó o necessitado e do monte de cinzas
ergue o pobre; ele os faz sentarem-se com príncipes e lhes
dá lugar de honra. Pois os alicerces da terra são do Senhor;
sobre eles estabeleceu o mundo.

1SAMUEL 2.7−8

O Senhor é bom para com aqueles cuja esperança está nele,
para com aqueles que o buscam.

LAMENTAÇÕES 3.25

Estresse

"Mas bendito é o homem cuja confiança está no Senhor,
cuja confiança nele está.
Ele será como uma árvore plantada junto às águas e que
estende as suas raízes para o ribeiro. Ela não temerá
quando chegar o calor, porque as suas folhas estão sempre
verdes; não ficará ansiosa no ano da seca nem deixará de
dar fruto".

JEREMIAS 17.7–8

Portanto, não se preocupem com o amanhã, pois o amanhã
se preocupará consigo mesmo. Basta a cada dia o seu
próprio mal".

MATEUS 6.34

Consagre ao Senhor tudo o que você faz, e os seus planos
serão bem-sucedidos.

Provérbios 16.3

O Senhor é refúgio para os oprimidos, uma torre segura na
hora da adversidade.
Os que conhecem o teu nome confiam em ti, pois tu,
Senhor, jamais abandonas os que te buscam.

Salmos 9.9–10

O Deus que concede perseverança e ânimo dê-lhes um
espírito de unidade, segundo Cristo Jesus.

Romanos 15.5

Eternidade

Antes de nascerem os montes e de criares a terra e o
mundo, de eternidade a eternidade tu és Deus.

SALMOS 90.2

A nossa cidadania, porém, está nos céus, de onde
esperamos ansiosamente um Salvador, o Senhor Jesus
Cristo.
Pelo poder que o capacita a colocar todas as coisas
debaixo do seu domínio, ele transformará os nossos
corpos humilhados, para serem semelhantes ao seu corpo
glorioso.

FILIPENSES 3.20–21

E se eu for e lhes preparar lugar, voltarei e os levarei para
mim, para que vocês estejam onde eu estiver.

JOÃO 14.3

Sei que a bondade e a fidelidade me acompanharão todos os dias da minha vida, e voltarei à casa do Senhor enquanto eu viver.

SALMOS 23.6

Assim, fixamos os olhos, não naquilo que se vê, mas no que não se vê, pois o que se vê é transitório, mas o que não se vê é eterno.

2CORÍNTIOS 4.18

Uma coisa pedi ao Senhor, é o que procuro: que eu possa viver na casa do Senhor todos os dias da minha vida, para contemplar a bondade do Senhor e buscar sua orientação no seu templo.

SALMOS 27.4

Excelência

Esta é a minha oração: que o amor de vocês aumente cada vez mais em conhecimento e em toda a percepção, para discernirem o que é melhor, a fim de serem puros e irrepreensíveis até o dia de Cristo

FILIPENSES 1.9–10

Seu divino poder nos deu todas as coisas de que necessitamos para a vida e para a piedade, por meio do pleno conhecimento daquele que nos chamou para a sua própria glória e virtude.

2PEDRO 1.3

Assim, quer vocês comam, bebam ou façam qualquer outra coisa, façam tudo para a glória de Deus.

1CORÍNTIOS 10.31

Procure apresentar-se a Deus aprovado, como obreiro que não tem do que se envergonhar, que maneja corretamente a palavra da verdade.

2Timóteo 2.15

"Muitas mulheres são exemplares, mas você a todas supera". A beleza é enganosa, e a formosura é passageira; mas a mulher que teme ao Senhor será elogiada. Que ela receba a recompensa merecida, e as suas obras sejam elogiadas à porta da cidade.

Provérbios 31.29–31

Fé

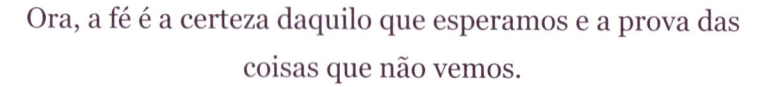

Ora, a fé é a certeza daquilo que esperamos e a prova das
coisas que não vemos.

HEBREUS 11.1

Por meio dele vocês creem em Deus, que o ressuscitou
dentre os mortos e o glorificou, de modo que a fé e a
esperança de vocês estão em Deus.

1PEDRO 1.21

Sem fé é impossível agradar a Deus, pois quem dele se
aproxima precisa crer que ele existe e que recompensa
aqueles que o buscam.

HEBREUS 11.6

Consequentemente, a fé vem por ouvir a mensagem,
e a mensagem é ouvida mediante a palavra de Cristo.

ROMANOS 10.17

Ele respondeu: "Por que a fé que vocês têm é pequena. Eu lhes asseguro que se vocês tiverem fé do tamanho de um grão de mostarda, poderão dizer a este monte: 'Vá daqui para lá', e ele irá. Nada lhes será impossível".

Mateus 17.20

Lembramos continuamente, diante de nosso Deus e Pai, o que vocês têm demonstrado: o trabalho que resulta da fé, o esforço motivado pelo amor e a perseverança proveniente da esperança em nosso Senhor Jesus Cristo.

1Tessalonicenses 1.3

Contudo, aos que o receberam, aos que creram em seu nome, deu-lhes o direito de se tornarem filhos de Deus

João 1.12

Fidelidade

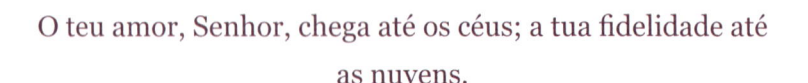

O teu amor, Senhor, chega até os céus; a tua fidelidade até as nuvens.

Salmos 36.5

Não sobreveio a vocês tentação que não fosse comum aos homens. E Deus é fiel; ele não permitirá que vocês sejam tentados além do que podem suportar. Mas, quando forem tentados, ele lhes providenciará um escape, para que o possam suportar.

1Coríntios 10.13

Senhor, tu és o meu Deus; eu te exaltarei e louvarei o teu nome, pois com grande perfeição tens feito maravilhas, coisas há muito planejadas.

Isaías 25.1

Pois a palavra do Senhor é verdadeira; ele é fiel em tudo o
que faz.

Salmos 33.4

Graças ao grande amor do Senhor é que não somos
consumidos, pois as suas misericórdias são inesgotáveis.
Renovam-se cada manhã; grande é a tua fidelidade!

Lamentações 3.22–23

Cantarei para sempre o amor do Senhor; com minha boca
anunciarei a tua fidelidade por todas as gerações. Sei que
firme está o teu amor para sempre, e que firmaste nos céus
a tua fidelidade.

Salmos 89.1–2

Finanças

O meu Deus suprirá todas as necessidades de vocês, de
acordo com as suas gloriosas riquezas em Cristo Jesus.

FILIPENSES 4.19

Pois quem quiser salvar a sua vida, a perderá,
mas quem perder a vida por minha causa, a encontrará.
Pois, que adiantará ao homem ganhar o mundo inteiro
e perder a sua alma? Ou, o que o homem poderá dar em
troca de sua alma?

MATEUS 16.25–26

Conservem-se livres do amor ao dinheiro e contentem-se
com o que vocês têm, porque Deus mesmo disse: "Nunca o
deixarei, nunca o abandonarei".

HEBREUS 13.5

Ordene aos que são ricos no presente mundo que não
sejam arrogantes, nem ponham sua esperança na incerteza
da riqueza, mas em Deus, que de tudo nos provê ricamente,
para a nossa satisfação.

1Timóteo 6.17

Comigo estão riquezas e honra, prosperidade e justiça
duradouras. Meu fruto é melhor do que o ouro, do que
o ouro puro; o que ofereço é superior à prata escolhida.
Ando pelo caminho da retidão, pelas veredas da justiça,
concedendo riqueza aos que me amam e enchendo
os seus tesouros.

Provérbios 8.18–21

Flexibilidade

Como é feliz o homem que me ouve, vigiando diariamente
à minha porta, esperando junto às portas da minha casa.
Pois todo aquele que me encontra, encontra a vida e recebe
o favor do Senhor.

PROVÉRBIOS 8.34–35

Aceitem o que é fraco na fé, sem discutir assuntos
controvertidos. Um crê que pode comer de tudo; já outro,
cuja fé é fraca, come apenas alimentos vegetais.
Aquele que considera um dia como especial, para o Senhor
assim o faz. Aquele que come carne, come para o Senhor,
pois dá graças a Deus; e aquele que se abstém, para o
Senhor se abstém, e dá graças a Deus.

ROMANOS 14.1–2, 6

Sei o que é passar necessidade e sei o que é ter fartura.
Aprendi o segredo de viver contente em toda e qualquer
situação, seja bem alimentado, seja com fome, tendo
muito, ou passando necessidade. Tudo posso naquele que
me fortalece.

Filipenses 4.12−13

Se vocês soubessem o que significam estas palavras:
'Desejo misericórdia, não sacrifícios', não teriam
condenado inocentes.

Mateus 12.7

Contudo, Senhor, tu és o nosso Pai. Nós somos o barro; tu
és o oleiro. Todos nós somos obra das tuas mãos.

Isaías 64.8

Generosidade

Em tudo o que fiz, mostrei-lhes que mediante trabalho árduo devemos ajudar os fracos, lembrando as palavras do próprio Senhor Jesus, que disse: 'Há maior felicidade em dar do que em receber'".

Atos 20.35

Há quem dê generosamente, e vê aumentar suas riquezas; outros retêm o que deveriam dar, e caem na pobreza. O generoso prosperará; quem dá alívio aos outros, alívio receberá.

Provérbios 11.24—25

Cada um dê conforme determinou em seu coração, não com pesar ou por obrigação, pois Deus ama quem dá com alegria.

2Coríntios 9.7

Quem trata bem os pobres empresta ao Senhor, e ele o recompensará.

PROVÉRBIOS 19.17

Mas quando você der esmola, que a sua mão esquerda não saiba o que está fazendo a direita, de forma que você preste a sua ajuda em segredo. E seu Pai, que vê o que é feito em segredo, o recompensará".

MATEUS 6.3–4

Dê-lhe generosamente, e sem relutância no coração; pois, por isso, o Senhor, o seu Deus, o abençoará em todo o seu trabalho e em tudo o que você fizer.

DEUTERONÔMIO 15.10

Quem é generoso será abençoado, pois reparte o seu pão com o pobre.

PROVÉRBIOS 22.9

Gentileza

Amem, porém, os seus inimigos, façam-lhes o bem e
emprestem a eles, sem esperar receber nada de volta.
Então, a recompensa que terão será grande e vocês serão
filhos do Altíssimo, porque ele é bondoso para com os
ingratos e maus.

LUCAS 6.35

Fala com sabedoria e ensina com amor.

PROVÉRBIOS 31.26

Se alguém tiver recursos materiais e, vendo seu irmão
em necessidade, não se compadecer dele, como pode
permanecer nele o amor de Deus?
Filhinhos, não amemos de palavra nem de boca, mas em
ação e em verdade.

1JOÃO 3.17–18

Sejam bondosos e compassivos uns para com os outros, perdoando-se mutuamente, assim como Deus perdoou vocês em Cristo.

Efésios 4.32

Ou será que você despreza as riquezas da sua bondade, tolerância e paciência, não reconhecendo que a bondade de Deus o leva ao arrependimento?

Romanos 2.4

Falarei da bondade do Senhor, dos seus gloriosos feitos, por tudo o que o Senhor fez por nós, sim, de quanto bem ele fez à nação de Israel, conforme a sua compaixão e a grandeza da sua bondade.

Isaías 63.7

Porque imenso é o seu amor leal por nós, e a fidelidade do Senhor dura para sempre. Aleluia!

Salmos 117.2

Graça

Assim sendo, aproximemo-nos do trono da graça com toda
a confiança, a fim de recebermos misericórdia e encontrarmos graça que nos ajude no momento da necessidade.

Hebreus 4.16

Todavia, Deus, que é rico em misericórdia, pelo grande
amor com que nos amou, deu-nos vida juntamente com
Cristo, quando ainda estávamos mortos em transgressões
— pela graça vocês são salvos.
Pois vocês são salvos pela graça, por meio da fé, e isto não
vem de vocês, é dom de Deus; não por obras, para que
ninguém se glorie.

Efésios 2.4–5, 8–9

A lei foi introduzida para que a transgressão fosse ressalta-
da. Mas onde aumentou o pecado, transbordou a graça,
a fim de que, assim como o pecado reinou na morte,
também a graça reine pela justiça para conceder vida
eterna, mediante Jesus Cristo, nosso Senhor.

ROMANOS 5.20–21

Mas ele nos concede graça maior. Por isso diz a Escritu-
ra: "Deus se opõe aos orgulhosos, mas concede graça aos
humildes".

TIAGO 4.6

Pois o pecado não os dominará, porque vocês não estão
debaixo da lei, mas debaixo da graça.

ROMANOS 6.14

Gratidão

Entrem por suas portas com ações de graças, e em seus átrios, com louvor; deem-lhe graças e bendigam o seu nome. Pois o Senhor é bom e o seu amor leal é eterno; a sua fidelidade permanece por todas as gerações.

SALMOS 100.4–5

Alegrem-se sempre.
Orem continuamente.
Deem graças em todas as circunstâncias, pois esta é a vontade de Deus para vocês em Cristo Jesus.

1TESSALONICENSES 5.16–18

Rendam graças ao Senhor, pois ele é bom; o seu amor dura para sempre.

1CRÔNICAS 16.34

Vamos à presença dele com ações de graças; vamos aclamá-lo com cânticos de louvor.

SALMOS 95.2

Por meio de Jesus, portanto, ofereçamos continuamente
a Deus um sacrifício de louvor, que é fruto de lábios que
confessam o seu nome.

<small>HEBREUS 13.15</small>

Não estou dizendo isso porque esteja necessitado, pois
aprendi a adaptar-me a toda e qualquer circunstância.

<small>FILIPENSES 4.11</small>

Sempre damos graças a Deus por todos vocês,
mencionando-os em nossas orações.
Lembramos continuamente, diante de nosso Deus e Pai, o
que vocês têm demonstrado: o trabalho que resulta da fé, o
esforço motivado pelo amor e a perseverança proveniente
da esperança em nosso Senhor Jesus Cristo.

<small>1TESSALONICENSES 1.2–3</small>

Honestidade

Antes, seguindo a verdade em amor, cresçamos em tudo
naquele que é a cabeça, Cristo.

Efésios 4.15

Portanto, cada um de vocês deve abandonar a mentira e
falar a verdade ao seu próximo, pois todos somos membros
de um mesmo corpo.

Efésios 4.25

Os lábios que dizem a verdade permanecem para sempre,
mas a língua mentirosa dura apenas um instante.

Provérbios 12.19

Não mintam uns aos outros, visto que vocês já se despiram
do velho homem com suas práticas e se revestiram do
novo, o qual está sendo renovado em conhecimento, à
imagem do seu Criador.

Colossenses 3.9-10

O homem justo leva uma vida íntegra; como são felizes os seus filhos!

PROVÉRBIOS 20.7

A boa reputação vale mais que grandes riquezas; desfrutar de boa estima vale mais que prata e ouro.

PROVÉRBIOS 22.1

O Senhor odeia os lábios mentirosos, mas se deleita com os que falam a verdade.

PROVÉRBIOS 12.22

A vereda do justo evita o mal; quem guarda o seu caminho preserva a sua vida.

PROVÉRBIOS 16.17

Humildade

Seja a atitude de vocês a mesma de Cristo Jesus, que,
embora sendo Deus, não considerou que o ser igual a
Deus era algo a que devia apegar-se; mas esvaziou-se
a si mesmo, vindo a ser servo, tornando-se semelhante
aos homens. E, sendo encontrado em forma humana,
humilhou-se a si mesmo e foi obediente até à morte, e
morte de cruz! Por isso Deus o exaltou à mais alta posição e
lhe deu o nome que está acima de todo nome

FILIPENSES 2.5–9

Portanto, humilhem-se debaixo da poderosa mão de Deus,
para que ele os exalte no tempo devido.
Lancem sobre ele toda a sua ansiedade, porque ele tem
cuidado de vocês.

1Pedro 5.6–7

Humilhem-se diante do Senhor, e ele os exaltará.

Tiago 4.10

Ele mostrou a você, ó homem, o que é bom e o que o
Senhor exige: Pratique a justiça, ame a fidelidade e ande
humildemente com o seu Deus.

Miqueias 6.8

Imutável

Toda boa dádiva e todo dom perfeito vêm do alto, descendo
do Pai das luzes, que não muda como sombras inconstantes.

TIAGO 1.17

Tu, porém, Senhor, estás perto e todos os teus
mandamentos são verdadeiros.
Há muito aprendi dos teus testemunhos que os
estabeleceste para sempre.

SALMOS 119.151–152

Pois, "toda a humanidade é como a relva, e toda a sua
glória, como a flor da relva; a relva murcha e cai a sua flor,
mas a palavra do Senhor permanece para sempre".
Essa é a palavra que lhes foi anunciada.

1PEDRO 1.24–25

"Quem é fiel no pouco, também é fiel no muito, e quem é desonesto no pouco, também é desonesto no muito.

Eu te busco de todo o coração; não permitas que eu me desvie dos teus mandamentos.
Guardei no coração a tua palavra para não pecar contra ti.
Ensina-me, Senhor, o caminho dos teus decretos, e a eles obedecerei até o fim.

Tenham cuidado, para que vocês não destruam o fruto do nosso trabalho, antes sejam recompensados plenamente.

Inspiração

"Vocês são a luz do mundo. Não se pode esconder uma
cidade construída sobre um monte.
E, também, ninguém acende uma candeia e a coloca
debaixo de uma vasilha. Pelo contrário, coloca-a no lugar
apropriado, e assim ilumina a todos os que estão na casa.
Assim brilhe a luz de vocês diante dos homens, para que
vejam as suas boas obras e glorifiquem ao Pai de vocês, que
está nos céus".

MATEUS 5.14–16

Os preceitos do Senhor são justos, e dão alegria ao coração.
Os mandamentos do Senhor são límpidos,
e trazem luz aos olhos.

SALMOS 19.8

Os teus testemunhos são a minha herança permanente; são a alegria do meu coração.

Salmos 119.111

Você, porém, homem de Deus, fuja de tudo isso e busque a justiça, a piedade, a fé, o amor, a perseverança e a mansidão. Combata o bom combate da fé. Tome posse da vida eterna, para a qual você foi chamado e fez a boa confissão na presença de muitas testemunhas.

1Timóteo 6.11–12

Falando novamente ao povo, Jesus disse: "Eu sou a luz do mundo. Quem me segue, nunca andará em trevas, mas terá a luz da vida".

João 8.12

Justiça

E ele se inspirará no temor do Senhor. Não julgará pela aparência, nem decidirá com base no que ouviu; mas com retidão julgará os necessitados, com justiça tomará decisões em favor dos pobres. Com suas palavras, como se fossem um cajado, ferirá a terra; com o sopro de sua boca matará os ímpios. A retidão será a faixa de seu peito, e a fidelidade o seu cinturão.

Isaías 11.3–5

Sei que o Senhor defenderá a causa do necessitado e fará justiça aos pobres.

Salmos 140.12

A retidão e a justiça são os alicerces do teu trono; o amor e a fidelidade vão à tua frente.

Salmos 89.14

Amados, nunca procurem vingar-se, mas deixem com Deus a ira, pois está escrito: "Minha é a vingança; eu retribuirei", diz o Senhor.

Romanos 12.19

Aprendam a fazer o bem! Busquem a justiça, acabem com a
opressão. Lutem pelos direitos do órfão, defendam a causa
da viúva.

Isaías 1.17

Fazer o que é justo e certo é mais aceitável ao Senhor do
que oferecer sacrifícios.

Provérbios 21.3

Quando insultado, não revidava; quando sofria, não fazia
ameaças, mas entregava-se àquele que julga com justiça.

1Pedro 2.23

"Eis que venho em breve! A minha recompensa está
comigo, e eu retribuirei a cada um de acordo com o que fez.

Apocalipse 22.12

Louvor

Aleluia! Louvem a Deus no seu santuário, louvem-no no
seu poderoso firmamento.
Louvem-no pelos seus feitos poderosos, louvem-no
segundo a imensidão de sua grandeza!
Tudo o que tem vida louve o Senhor! Aleluia!

<small>SALMOS 150.1–2, 6</small>

Por meio de Jesus, portanto, ofereçamos continuamente
a Deus um sacrifício de louvor, que é fruto de lábios que
confessam o seu nome.

<small>HEBREUS 13.15</small>

Senhor, tu és o meu Deus; eu te exaltarei e louvarei o teu
nome, pois com grande perfeição tens feito maravilhas,
coisas há muito planejadas.

<small>ISAÍAS 25.1</small>

Aleluia! Louvem o Senhor desde os céus, louvem-no nas
alturas!
Louvem-no todos os seus anjos, louvem-no todos
os seus exércitos celestiais.
Louvem-no sol e lua, louvem-no todas as
estrelas cintilantes.
Louvem-no os mais altos céus e as águas
acima do firmamento.
Louvem todos eles o nome do Senhor, pois ordenou,
e eles foram criados.

Salmos 148.1–5

Cantem ao Senhor um novo cântico, seu louvor desde os
confins da terra, vocês, que navegam no mar, e tudo o que
nele existe, vocês, ilhas, e todos os seus habitantes.

Isaías 42.10

Medo

Por isso não tema, pois estou com você; não tenha medo, pois sou o seu Deus. Eu o fortalecerei e o ajudarei; Eu o segurarei com a minha mão direita vitoriosa.

Isaías 41.10

O nome do Senhor é uma torre forte; os justos correm para ela e estão seguros.

Provérbios 18.10

Deus é o nosso refúgio e a nossa fortaleza, auxílio sempre presente na adversidade.

Salmos 46.1

Pois Deus não nos deu espírito de covardia, mas de poder, de amor e de equilíbrio.

2Timóteo 1.7

No amor não há medo; ao contrário o perfeito amor
expulsa o medo, porque o medo supõe castigo. Aquele que
tem medo não está aperfeiçoado no amor.

1João 4.18

O Senhor é a minha luz e a minha salvação; de quem terei
temor? O Senhor é o meu forte refúgio;
de quem terei medo?

Salmos 27.1

Quando se deitar, não terá medo, e o seu sono será tranquilo.

Provérbios 3.24

Objetivo

Não importa o que aconteça, exerçam a sua cidadania de
maneira digna do evangelho de Cristo, para que assim,
quer eu vá e os veja, quer apenas ouça a seu respeito em
minha ausência, fique eu sabendo que vocês
permanecem firmes num só espírito,
lutando unânimes pela fé evangélica,
sem de forma alguma deixar-se intimidar por aqueles que
se opõem a vocês. Para eles isso é sinal de destruição, mas
para vocês de salvação, e isso da parte de Deus.

FILIPENSES 1.27–28

Meu filho, escute o que lhe digo; preste atenção às minhas
palavras. Nunca as perca de vista; guarde-as no fundo do
coração, olhe sempre para a frente, mantenha o olhar fixo
no que está adiante de você.

PROVÉRBIOS 4.20–21, 25

Portanto, já que vocês ressuscitaram com Cristo, procurem
as coisas que são do alto, onde Cristo está assentado à
direita de Deus.
Mantenham o pensamento nas coisas do alto, e não nas
coisas terrenas.

Colossenses 3.1–2

Sabemos que Deus age em todas as coisas para o bem
daqueles que o amam, dos que foram chamados de acordo
com o seu propósito.

Romanos 8.28

Oração

"Peçam, e lhes será dado; busquem, e encontrarão; batam,
e a porta lhes será aberta.
Pois todo o que pede, recebe; o que busca, encontra; e
àquele que bate, a porta será aberta.

MATEUS 7.7–8

De manhã ouves, Senhor, o meu clamor; de manhã te apre-
sento a minha oração e aguardo com esperança.

SALMOS 5.3

Portanto, confessem os seus pecados uns aos outros e orem
uns pelos outros para serem curados. A oração de um justo
é poderosa e eficaz.

TIAGO 5.16

Não andem ansiosos por coisa alguma, mas em tudo, pela oração e súplicas, e com ação de graças, apresentem seus pedidos a Deus.

FILIPENSES 4.6

Da mesma forma o Espírito nos ajuda em nossa fraqueza, pois não sabemos como orar, mas o próprio Espírito intercede por nós com gemidos inexprimíveis.

ROMANOS 8.26

Ó Deus, tu és o meu Deus, eu te busco intensamente; a minha alma tem sede de ti! Todo o meu ser anseia por ti, numa terra seca, exausta e sem água.

SALMOS 63.1

Orem continuamente.

1TESSALONICENSES 5.17

Orientação

Guia-me com a tua verdade e ensina-me, pois tu és Deus,
meu Salvador, e a minha esperança está em ti
o tempo todo.

SALMOS 25.5

Confie no Senhor de todo o seu coração e não se apoie em
seu próprio entendimento; reconheça o Senhor em todos
os seus caminhos, e ele endireitará as suas veredas.

PROVÉRBIOS 3.5–6

Em seu coração o homem planeja o seu caminho, mas o
Senhor determina os seus passos.

PROVÉRBIOS 16.9

Eu o instruirei e o ensinarei no caminho que você deve
seguir; eu o aconselharei e cuidarei de você.

SALMOS 32.8

O Senhor firma os passos de um homem, quando a conduta
deste o agrada; ainda que tropece, não cairá, pois o Senhor
o toma pela mão.

Salmos 37.23–24

Quer você se volte para a direita quer para a esquerda, uma
voz atrás de você lhe dirá: "Este é o caminho; siga-o".

Isaías 30.21

Ouça conselhos e aceite instruções, e acabará sendo sábio.

Provérbios 19.20

Porque todos os que são guiados pelo Espírito de Deus são
filhos de Deus.

Romanos 8.14

Paciência

Mas aqueles que esperam no Senhor renovam as suas forças. Voam bem alto como águias; correm e não ficam exaustos, andam e não se cansam.

Isaías 40.31

Quanto ao mais, tenham todos o mesmo modo de pensar, sejam compassivos, amem-se fraternalmente, sejam misericordiosos e humildes. Não retribuam mal com mal nem insulto com insulto; pelo contrário, bendigam; pois para isso vocês foram chamados, para receberem bênção por herança.

1Pedro 3.8–9

O Deus que concede perseverança e ânimo dê-lhes um espírito de unidade, segundo Cristo Jesus,
para que com um só coração e uma só boca vocês glorifiquem ao Deus e Pai de nosso Senhor Jesus Cristo.
Portanto, aceitem-se uns aos outros, da mesma forma como Cristo os aceitou, a fim de que vocês glorifiquem a Deus.

Romanos 15.5–7

De modo que vocês não se tornem negligentes, mas imitem aqueles que, por meio da fé e da paciência, recebem a herança prometida.

HEBREUS 6.12

Completem a minha alegria, tendo o mesmo modo de pensar, o mesmo amor, um só espírito e uma só atitude.

FILIPENSES 2.2

Tenham uma mesma atitude uns para com os outros. Não sejam orgulhosos, mas estejam dispostos a associar-se a pessoas de posição inferior. Não sejam sábios aos seus próprios olhos.

ROMANOS 12.16

Descanse no Senhor e aguarde por ele com paciência; não se aborreça com o sucesso dos outros, nem com aqueles que maquinam o mal. Evite a ira e rejeite a fúria; não se irrite: isso só leva ao mal. Pois os maus serão eliminados, mas os que esperam no Senhor receberão a terra por herança.

SALMOS 37.7–9

Paz

Deixo-lhes a paz; a minha paz lhes dou. Não a dou como o mundo a dá. Não se perturbem os seus corações, nem tenham medo.

João 14.27

"Eu lhes disse essas coisas para que em mim vocês tenham paz. Neste mundo vocês terão aflições; contudo, tenham ânimo! Eu venci o mundo".

João 16.33

A mentalidade da carne é morte, mas a mentalidade do Espírito é vida e paz.

Romanos 8.6

Pois Deus não é Deus de desordem, mas de paz.

1Coríntios 14.33

Que a paz de Cristo seja o juiz em seus corações, visto que
vocês foram chamados a viver em paz, como membros de
um só corpo. E sejam agradecidos.

Colossenses 3.15

Os que amam a tua lei desfrutam paz, e nada há que os faça
tropeçar.

Salmos 119.165

O próprio Senhor da paz lhes dê a paz em todo o tempo e
de todas as formas. O Senhor seja com todos vocês.

2Tessalonicenses 3.16

O Senhor dá força ao seu povo; o Senhor dá a seu povo a
bênção da paz.

Salmos 29.11

Perda

Ouvi uma forte voz que vinha do trono e dizia: "Agora o tabernáculo de Deus está com os homens, com os quais ele viverá. Eles serão os seus povos; o próprio Deus estará com eles e será o seu Deus.
Ele enxugará dos seus olhos toda lágrima. Não haverá mais morte, nem tristeza, nem choro, nem dor, pois a antiga ordem já passou".

APOCALIPSE 21.3–4

Seja o teu amor o meu consolo, conforme a tua promessa ao teu servo.

SALMOS 119.76

Aqueles que semeiam com lágrimas, com cantos de alegria colherão.

SALMOS 126.5

"Venham a mim, todos os que estão cansados e
sobrecarregados, e eu lhes darei descanso.
Tomem sobre vocês o meu jugo e aprendam de mim, pois
sou manso e humilde de coração, e vocês encontrarão
descanso para as suas almas.

MATEUS 11.28–29

Não fosse a ajuda do Senhor, eu já estaria habitando no
silêncio.
Quando eu disse: "Os meus pés escorregaram", o teu amor
leal, Senhor, me amparou!
Quando a ansiedade já me dominava no íntimo, o teu
consolo trouxe alívio à minha alma.

SALMOS 94.17–19

Perdão

Se confessarmos os nossos pecados, ele é fiel e justo para perdoar os nossos pecados e nos purificar de toda injustiça.

1João 1.9

Pois se perdoarem as ofensas uns dos outros, o Pai celestial também lhes perdoará.

Mateus 6.14

Nele temos a redenção por meio de seu sangue, o perdão dos pecados, de acordo com as riquezas da graça de Deus

Efésios 1.7

Portanto, eu digo, os muitos pecados dela lhe foram perdoados; pois ela amou muito. Mas aquele a quem pouco foi perdoado, pouco ama".

Lucas 7.47

E como o Oriente está longe do Ocidente, assim ele afasta
para longe de nós as nossas transgressões.

Salmos 103.12

E quando estiverem orando, se tiverem alguma coisa contra alguém, perdoem-no, para que também o Pai celestial
lhes perdoe os seus pecados".

Marcos 11.25

Os sacrifícios que agradam a Deus são um espírito
quebrantado; um coração quebrantado e contrito, ó Deus,
não desprezarás.

Salmos 51.17

Tu és bondoso e perdoador, Senhor, rico em graça para
com todos os que te invocam.

Salmos 86.5

Perseverança

Meus irmãos, considerem motivo de grande alegria o fato
de passarem por diversas provações,
pois vocês sabem que a prova da sua fé produz perseverança.
E a perseverança deve ter ação completa,
a fim de que vocês sejam maduros e íntegros, sem lhes
faltar coisa alguma.

Tiago 1.2–4

Feliz é o homem que persevera na provação, porque depois
de aprovado receberá a coroa da vida que Deus prometeu
aos que o amam.

Tiago 1.12

E não nos cansemos de fazer o bem, pois no tempo próprio
colheremos, se não desanimarmos.

Gálatas 6.9

Portanto, também nós, uma vez que estamos rodeados por tão grande nuvem de testemunhas, livremo-nos de tudo o que nos atrapalha e do pecado que nos envolve, e corramos com perseverança a corrida que nos é proposta, tendo os olhos fitos em Jesus, autor e consumador da nossa fé. Ele, pela alegria que lhe fora proposta, suportou a cruz, desprezando a vergonha, e assentou-se à direita do trono de Deus.

Pensem bem naquele que suportou tal oposição dos pecadores contra si mesmo, para que vocês não se cansem nem se desanimem.

Hebreus 12.1–3

O Senhor conduza os seus corações ao amor de Deus e à perseverança de Cristo.

2Tessalonicenses 3.5

Preocupação

Não andem ansiosos por coisa alguma, mas em tudo, pela oração e súplicas, e com ação de graças, apresentem seus pedidos a Deus.
E a paz de Deus, que excede todo o entendimento, guardará os seus corações e as suas mentes em Cristo Jesus.

FILIPENSES 4.6–7

Quem de vocês, por mais que se preocupe, pode acrescentar uma hora que seja à sua vida?

LUCAS 12.25

O coração ansioso deprime o homem, mas uma palavra bondosa o anima.

PROVÉRBIOS 12.25

Entregue suas preocupações ao Senhor, e ele o susterá;
jamais permitirá que o justo venha a cair.

Salmos 55.22

"Portanto eu lhes digo: não se preocupem com suas
próprias vidas, quanto ao que comer ou beber; nem
com seus próprios corpos, quanto ao que vestir. Não é a
vida mais importante do que a comida, e o corpo mais
importante do que a roupa?
Observem as aves do céu: não semeiam nem colhem
nem armazenam em celeiros; contudo, o Pai celestial as
alimenta. Não têm vocês muito mais valor do que elas?

Mateus 6.25–26

O próprio Senhor da paz lhes dê a paz em todo o tempo e
de todas as formas. O Senhor seja com todos vocês.

2Tessalonicenses 3.16

Promessas

A tua promessa foi plenamente comprovada, e, por isso,
o teu servo a ama.
Fico acordado nas vigílias da noite, para meditar nas tuas
promessas.

Salmos 119.140, 148

"Agora estou prestes a ir pelo caminho de toda a terra.
Vocês sabem, lá no fundo do coração e da alma, que
nenhuma das boas promessas que o Senhor, o seu Deus,
lhes fez deixou de cumprir-se. Todas se cumpriram;
nenhuma delas falhou.

Josué 23.14

Àquele que é capaz de fazer infinitamente mais do que tudo
o que pedimos ou pensamos, de acordo com o seu poder
que atua em nós,
a ele seja a glória na igreja e em Cristo Jesus, por todas as
gerações, para todo o sempre! Amém!

Efésios 3.20–21

O teu reino é reino eterno, e o teu domínio permanece de
geração em geração. O Senhor é fiel em todas as suas
promessas e é bondoso em tudo o que faz.

SALMOS 145.13

"Não se perturbe o coração de vocês. Creiam em Deus;
creiam também em mim.
Na casa de meu Pai há muitos aposentos; se não fosse
assim, eu lhes teria dito. Vou preparar-lhes lugar.
E se eu for e lhes preparar lugar, voltarei e os levarei para
mim, para que vocês estejam onde eu estiver.

JOÃO 14.1–3

Pois quantas forem as promessas feitas por Deus, tantas
têm em Cristo o "sim". Por isso, por meio dele, o "Amém" é
pronunciado por nós para a glória de Deus.

2CORÍNTIOS 1.20

Raiva

Meus amados irmãos, tenham isto em mente: Sejam todos prontos para ouvir, tardios para falar e tardios para irar-se, pois a ira do homem não produz a justiça de Deus.

Finalmente, irmãos, tudo o que for verdadeiro, tudo o que for nobre, tudo o que for correto, tudo o que for puro, tudo o que for amável, tudo o que for de boa fama, se houver algo de excelente ou digno de louvor, pensem nessas coisas.

FILIPENSES 4.8

O homem paciente dá prova de grande entendimento, mas o precipitado revela insensatez.

PROVÉRBIOS 14.29

Não se deixem vencer pelo mal, mas vençam o mal com o bem.

ROMANOS 12.21

O tolo dá vazão à sua ira, mas o sábio domina-se.

Provérbios 29.11

"Quando vocês ficarem irados, não pequem". Apaziguem a
sua ira antes que o sol se ponha,
e não deem lugar ao diabo.

Efésios 4.26–27

Não permita que a ira domine depressa o seu espírito, pois
a ira se aloja no íntimo dos tolos.

Eclesiastes 7.9

A sabedoria do homem lhe dá paciência; sua glória é
ignorar as ofensas.

Provérbios 19.11

Relacionamentos

É melhor ter companhia do que estar sozinho, porque
maior é a recompensa do trabalho de duas pessoas.
Se um cair, o amigo pode ajudá-lo a levantar-se. Mas pobre
do homem que cai e não tem quem o ajude a levantar-se!

ECLESIASTES 4.9–10

Perfume e incenso trazem alegria ao coração; do conselho
sincero do homem nasce uma bela amizade.

PROVÉRBIOS 27.9

Dediquem-se uns aos outros com amor fraternal. Prefiram
dar honra aos outros mais do que a si próprios.

ROMANOS 12.10

Acima de tudo, guarde o seu coração, pois dele depende
toda a sua vida.

PROVÉRBIOS 4.23

Portanto, como povo escolhido de Deus, santo e amado, revistam-se de profunda compaixão, bondade, humildade, mansidão e paciência.
Suportem-se uns aos outros e perdoem as queixas que tiverem uns contra os outros. Perdoem como o Senhor lhes perdoou.
Acima de tudo, porém, revistam-se do amor, que é o elo perfeito.

COLOSSENSES 3.12–14

Assim como o ferro afia o ferro, o homem afia o seu companheiro.

PROVÉRBIOS 27.17

Sem mais, irmãos, despeço-me de vocês! Procurem aperfeiçoar-se, exortem-se mutuamente, tenham um só pensamento, vivam em paz. E o Deus de amor e paz estará com vocês.

2CORÍNTIOS 13.11

Respeito

Nada façam por ambição egoísta ou por vaidade, mas
humildemente considerem os outros superiores a si
mesmos.
Cada um cuide, não somente dos seus interesses, mas
também dos interesses dos outros.

FILIPENSES 2.3–4

Por causa do Senhor, sujeitem-se a toda autoridade constituída
entre os homens; seja ao rei, como autoridade suprema ...
Pois é da vontade de Deus que, praticando o bem, vocês
silenciem a ignorância dos insensatos.
Vivam como pessoas livres, mas não usem a liberdade como
desculpa para fazer o mal; vivam como servos de Deus.
Tratem a todos com o devido respeito: amem os irmãos,
temam a Deus e honrem o rei.

1PEDRO 2.13, 15–17

Obedeçam aos seus líderes e submetam-se à autoridade deles. Eles cuidam de vocês como quem deve prestar contas. Obedeçam-lhes, para que o trabalho deles seja uma alegria e não um peso, pois isso não seria proveitoso para vocês.

HEBREUS 13.17

Agora lhes pedimos, irmãos, que tenham consideração para com os que se esforçam no trabalho entre vocês, que os lideram no Senhor e os aconselham.
Tenham-nos na mais alta estima, com amor, por causa do trabalho deles. Vivam em paz uns com os outros.

1TESSALONICENSES 5.12–13

Sabedoria

Mas a sabedoria que vem do alto é antes de tudo
pura; depois, pacífica, amável, compreensiva, cheia de
misericórdia e de bons frutos, imparcial e sincera.

TIAGO 3.17

Ó profundidade da riqueza da sabedoria e do
conhecimento de Deus! Quão insondáveis são os seus
juízos, e inescrutáveis os seus caminhos!

ROMANOS 11.33

Meu filho, guarde consigo a sensatez e o equilíbrio, nunca
os perca de vista;
trarão vida a você e serão um enfeite para o seu pescoço.

PROVÉRBIOS 3.21–22

Como é feliz o homem que acha a sabedoria, o homem que
obtém entendimento,
pois a sabedoria é mais proveitosa do que a prata e rende
mais do que o ouro.
É mais preciosa do que rubis; nada do que você possa
desejar se compara a ela.
Na mão direita, a sabedoria lhe garante vida longa; na mão
esquerda, riquezas e honra.
Os caminhos da sabedoria são caminhos agradáveis,
e todas as suas veredas são paz.

PROVÉRBIOS 3.13–17

Se algum de vocês tem falta de sabedoria, peça-a a Deus, que
a todos dá livremente, de boa vontade; e lhe será concedida.

TIAGO 1.5

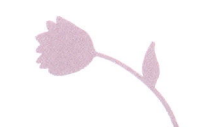

Saúde

Mas ele foi transpassado por causa das nossas transgressões, foi esmagado por causa de nossas iniquidades;
o castigo que nos trouxe paz estava sobre ele, e pelas suas
feridas fomos curados.

Isaías 53.5

Meu filho, escute o que lhe digo; preste atenção às minhas
palavras. Nunca as perca de vista; guarde-as no fundo do
coração, pois são vida para quem as encontra e saúde para
todo o seu ser.

Provérbios 4.20–22

Então ele lhe disse: "Filha, a sua fé a curou! Vá em paz e
fique livre do seu sofrimento".

Marcos 5.34

O coração bem disposto é remédio eficiente, mas o espírito
oprimido resseca os ossos.

PROVÉRBIOS 17.22

Confie no Senhor de todo o seu coração e não se apoie em
seu próprio entendimento; reconheça o Senhor em todos
os seus caminhos, e ele endireitará as suas veredas. Não
seja sábio aos seus próprios olhos; tema ao Senhor e
evite o mal. Isso lhe dará saúde ao corpo e vigor aos ossos.

PROVÉRBIOS 3.5–8

O mundo e a sua cobiça passam, mas aquele que faz a
vontade de Deus permanece para sempre.

1JOÃO 2.17

Segurança

Peço-te que sejas a minha rocha de refúgio, para onde eu
sempre possa ir; dá ordem para que me libertem, pois és a
minha rocha e a minha fortaleza.
Pois tu és a minha esperança, ó Soberano Senhor, em ti
está a minha confiança desde a juventude.

SALMOS 71.3, 5

Podemos, pois, dizer com confiança: "O Senhor é o meu
ajudador, não temerei. O que me podem fazer os homens?"

HEBREUS 13.6

Estou convencido de que aquele que começou boa obra em
vocês, vai completá-la até o dia de Cristo Jesus.

FILIPENSES 1.6

Tudo posso naquele que me fortalece.

FILIPENSES 4.13

Assim sendo, aproximemo-nos do trono da graça com
toda a confiança, a fim de recebermos misericórdia
e encontrarmos graça que nos ajude no momento da
necessidade.

HEBREUS 4.16

Esta é a confiança que temos ao nos aproximarmos
de Deus: se pedirmos alguma coisa de acordo com a
sua vontade, ele nos ouve. E se sabemos que ele nos ouve
em tudo o que pedimos, sabemos que temos o que
dele pedimos.

1JOÃO 5.14–15

Serviço

Cada um exerça o dom que recebeu para servir aos
outros, administrando fielmente a graça de Deus em suas
múltiplas formas.
Se alguém fala, faça-o como quem transmite a palavra de
Deus. Se alguém serve, faça-o com a força que Deus provê,
de forma que em todas as coisas Deus seja glorificado
mediante Jesus Cristo, a quem sejam a glória e o poder
para todo o sempre. Amém.

1Pedro 4.10−11

Mas, vocês não serão assim. Pelo contrário, o maior entre
vocês deverá ser como o mais jovem, e aquele que governa
como o que serve.
Pois quem é maior: o que está à mesa, ou o que serve?
Não é o que está à mesa? Mas eu estou entre
vocês como quem serve.

Lucas 22.26−27

O maior entre vocês deverá ser servo.
Pois todo aquele que a si mesmo se exaltar será humilhado,
e todo aquele que a si mesmo se humilhar será exaltado.

MATEUS 23.11–12

"Pois nem mesmo o Filho do homem veio para ser servido,
mas para servir e dar a sua vida em resgate por muitos".

MARCOS 10.45

Irmãos, vocês foram chamados para a liberdade. Mas não
usem a liberdade para dar ocasião à vontade da carne; pelo
contrário, sirvam uns aos outros mediante o amor.

GÁLATAS 5.13

Solidão

O Senhor está perto de todos os que o invocam, de todos os
que o invocam com sinceridade.

SALMOS 145.18

Senhor, tu me sondas e me conheces.
Sabes quando me sento e quando me levanto; de longe
percebes os meus pensamentos.
Sabes muito bem quando trabalho e quando descanso;
todos os meus caminhos te são bem conhecidos.
Antes mesmo que a palavra me chegue à língua, tu já a
conheces inteiramente, Senhor.

SALMOS 139.1–4

Volta-te para mim e tem misericórdia de mim, pois estou
só e aflito.

SALMOS 25.16

Pois estou convencido de que nem morte nem vida, nem
anjos nem demônios, nem o presente nem o futuro, nem
quaisquer poderes,
nem altura nem profundidade, nem qualquer outra coisa
na criação será capaz de nos separar do amor de Deus que
está em Cristo Jesus, nosso Senhor.

ROMANOS 8.38–39

Sabemos que permanecemos nele, e ele em nós, porque ele
nos deu do seu Espírito.

1JOÃO 4.13

Ensinando-os a obedecer a tudo o que eu lhes ordenei. E eu
estarei sempre com vocês, até o fim dos tempos".

MATEUS 28.20

Tristeza

Que o próprio Senhor Jesus Cristo e Deus nosso Pai, que
nos amou e nos deu eterna consolação e boa esperança
pela graça, dê ânimo aos seus corações e os fortaleça para
fazerem sempre o bem, tanto em atos como em palavras.

2Tessalonicenses 2.16—17

Mudaste o meu pranto em dança, a minha veste de
lamento em veste de alegria

Salmos 30.11

E os que o Senhor resgatou voltarão. Entrarão em Sião com
cantos de alegria; duradoura alegria coroará suas cabeças.
Júbilo e alegria se apoderarão deles, e a tristeza e o suspiro
fugirão.

Isaías 35.10

Bendito seja o Deus e Pai de nosso Senhor Jesus Cristo,
Pai das misericórdias e Deus de toda consolação, que nos
consola em todas as nossas tribulações, para que, com a
consolação que recebemos de Deus, possamos consolar os
que estão passando por tribulações.

2Coríntios 1.3–4

E dar a todos os que choram em Sião uma bela coroa em
vez de cinzas, o óleo da alegria em vez de pranto, e um
manto de louvor em vez de espírito deprimido. Eles serão
chamados carvalhos de justiça, plantio do Senhor, para
manifestação da sua glória.

Isaías 61.3

Mas, quanto a você, ele encherá de riso a sua boca e de
brados de alegria os seus lábios.

Jó 8.21

União

Como é bom e agradável quando os irmãos convivem em
união!

SALMOS 133.1

Todos os dias, continuavam a reunir-se no pátio do templo.
Partiam o pão em suas casas, e juntos participavam das
refeições, com alegria e sinceridade de coração,
louvando a Deus e tendo a simpatia de todo o povo.
E o Senhor lhes acrescentava todos os dias os que iam
sendo salvos.

ATOS 2.46–47

Irmãos, em nome de nosso Senhor Jesus Cristo suplico a
todos vocês que concordem uns com os outros no que falam,
para que não haja divisões entre vocês, e, sim, que todos
estejam unidos num só pensamento e num só parecer.

1CORÍNTIOS 1.10

Não ficarei mais no mundo, mas eles ainda estão no mundo,
e eu vou para ti. Pai santo, protege-os em teu nome, o nome
que me deste, para que sejam um, assim como somos um...
para que todos sejam um, Pai, como tu estás em mim e eu
em ti. Que eles também estejam em nós, para que o mundo
creia que tu me enviaste.
Dei-lhes a glória que me deste, para que eles sejam um,
assim como nós somos um: eu neles e tu em mim. Que eles
sejam levados à plena unidade, para que o mundo saiba que
tu me enviaste, e os amaste como igualmente me amaste.

João 17.11, 21–23

Como prisioneiro no Senhor, rogo-lhes que vivam de
maneira digna da vocação que receberam.
Sejam completamente humildes e dóceis, e sejam
pacientes, suportando uns aos outros com amor.
Façam todo o esforço para conservar a unidade do Espírito
pelo vínculo da paz.

Efésios 4.1–3

Utilidade

Levem os fardos pesados uns dos outros e, assim,
cumpram a lei de Cristo.
Portanto, enquanto temos oportunidade, façamos o bem a
todos, especialmente aos da família da fé.

GÁLATAS 6.2, 10

Pois quem é maior: o que está à mesa, ou o que serve?
Não é o que está à mesa? Mas eu estou entre
vocês como quem serve.

LUCAS 22.27

Habite ricamente em vocês a palavra de Cristo; ensinem
e aconselhem-se uns aos outros com toda a sabedoria, e
cantem salmos, hinos e cânticos espirituais com gratidão a
Deus em seus corações.Tudo o que fizerem, seja em palavra
ou em ação, façam-no em nome do Senhor Jesus, dando
por meio dele graças a Deus Pai.

COLOSSENSES 3.16–17

Atire o seu pão sobre as águas, e depois de muitos dias você tornará a encontrá-lo. Reparta o que você tem com sete, até mesmo com oito, pois você não sabe que desgraça poderá cair sobre a terra.

Eclesiastes 11.1–2

Cada um exerça o dom que recebeu para servir aos outros, administrando fielmente a graça de Deus em suas múltiplas formas. Se alguém fala, faça-o como quem transmite a palavra de Deus. Se alguém serve, faça-o com a força que Deus provê, de forma que em todas as coisas Deus seja glorificado mediante Jesus Cristo, a quem sejam a glória e o poder para todo o sempre. Amém.

1Pedro 4.10–11

Pois nem mesmo o Filho do homem veio para ser servido, mas para servir e dar a sua vida em resgate por muitos".

Marcos 10.45

Verdade

Ensina-me o teu caminho, Senhor, para que eu ande na tua verdade; dá-me um coração inteiramente fiel, para que eu tema o teu nome.

SALMOS 86.11

Mas quando o Espírito da verdade vier, ele os guiará a toda a verdade. Não falará de si mesmo; falará apenas o que ouvir, e lhes anunciará o que está por vir.

JOÃO 16.13

A verdade é a essência da tua palavra, e todas as tuas justas ordenanças são eternas.

SALMOS 119.160

Disse Jesus aos judeus que haviam crido nele: "Se vocês permanecerem firmes na minha palavra, verdadeiramente serão meus discípulos.

JOÃO 8.31–32

Sei que desejas a verdade no íntimo; e no coração me ensinas a sabedoria.

SALMOS 51.6

Os lábios que dizem a verdade permanecem para sempre, mas a língua mentirosa dura apenas um instante.

PROVÉRBIOS 12.19

Quem nele crê não é condenado, mas quem não crê já está condenado, por não crer no nome do Filho Unigênito de Deus.

1JOÃO 3.18

Agora que vocês purificaram as suas vidas pela obediência à verdade, visando ao amor fraternal e sincero, amem sinceramente uns aos outros e de todo o coração.

1PEDRO 1.22

Vício

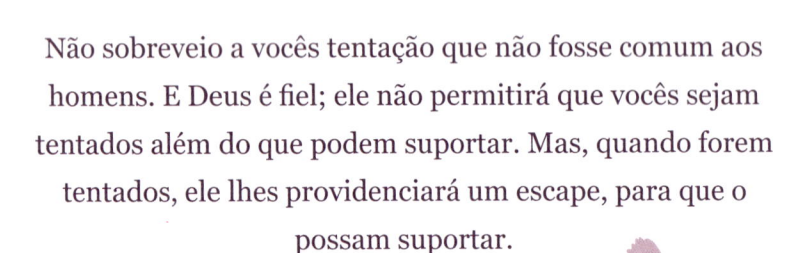

Não sobreveio a vocês tentação que não fosse comum aos homens. E Deus é fiel; ele não permitirá que vocês sejam tentados além do que podem suportar. Mas, quando forem tentados, ele lhes providenciará um escape, para que o possam suportar.

1Coríntios 10.13

Amados, insisto em que, como estrangeiros e peregrinos no mundo, vocês se abstenham dos desejos carnais que guerreiam contra a alma.

1Pedro 2.11

Portanto, irmãos, rogo-lhes pelas misericórdias de Deus que se ofereçam em sacrifício vivo, santo e agradável a Deus; este é o culto racional de vocês.

Romanos 12.1

Foi para a liberdade que Cristo nos libertou. Portanto, permaneçam firmes e não se deixem submeter novamente a um jugo de escravidão.

GÁLATAS 5.1

Portanto, se alguém está em Cristo, é nova criação. As coisas antigas já passaram; eis que surgiram coisas novas!

2CORÍNTIOS 5.17

Portanto, submetam-se a Deus. Resistam ao diabo, e ele fugirá de vocês.

TIAGO 4.7

Portanto, se o Filho os libertar, vocês de fato serão livres.

JOÃO 8.36

Ômega

Jesus respondeu: "Quem beber desta água terá sede outra vez, mas quem beber da água que eu lhe der nunca mais terá sede. Pelo contrário, a água que eu lhe der se tornará nele uma fonte de água a jorrar para a vida eterna".

João 4.13–14

Disse-me ainda: "Está feito. Eu sou o Alfa e o Ômega, o Princípio e o Fim. A quem tiver sede, darei de beber gratuitamente da fonte da água da vida.

Apocalipse 21.6

O Deus da paz, que pelo sangue da aliança eterna trouxe
de volta dentre os mortos a nosso Senhor Jesus, o grande
Pastor das ovelhas,
os aperfeiçoe em todo o bem para fazerem a vontade dele, e
opere em nós o que lhe é agradável, mediante Jesus Cristo,
a quem seja a glória para todo o sempre. Amém.

HEBREUS 13.20-21